SALVADOR DALÍ
Die Paranoia-Methode

Text und Zeichnungen: Willi Blöss
Colorierung: Beatriz López-Caparrós

„Ich spürte, wie die tausendjährige libanesische Zeder der Rache mitten in meiner Brust ihre gewaltigen Äste ausbreitete."

Salvador Dalí, 1941, über das Verhältnis zu seinem Vater

Kult Comics, Sebastian Röpke, Comic Combo, Leipzig
Comic Combo Vertrieb, Regentenstraße 29, 42389 Wuppertal
www.kultcomics.net

in Zusammenarbeit mit

Willi Blöss Verlag, Arndtstraße 36, 52064 Aachen
www.kuenstler-biografien.de

Copyright 2022: Willi Blöss

ISBN 978-3-96430-297-7

Man nennt ihn Tramontana, diesen schneidenden Wind, der vom Süden der Pyrenäen her in Spanien einfällt und der verantwortlich sein könnte für die Verschrobenheit der dort lebenden Katalanen.

Salvador, komm' essen! Es gibt in Zucker eingelegte Würstchen...

...Vogelnieren, gequetschte Trauben...

Seit 3 Tagen hat er nichts gegessen!

Ich frage mich, was aus dem Jungen mal werden soll.

Sein Zeichenlehrer meint, er wäre sehr begabt.

Alles, bloß kein Künstler!

2

Bei dieser Laufbahn verwundert es, dass er sich auf seinen Bildern oft als verschüchterten, kleinen Jungen im Matrosenanzug darstellt.

Später wird Dalí erklären, dass er trotz aller Erfolge sein Leben lang damit beschäftigt gewesen ist, die traumatischen Schlüsselerlebnisse seiner Kindheit zu verarbeiten.

Zunächst quält ihn die Vorstellung, seine Eltern würden in ihm lediglich die Wiedergeburt des früh verstorbenen ersten Sohnes sehen.

Dann entdeckt er in der Bibliothek seines Vaters Darstellungen von Geschlechtskrankheiten, deren abstoßende Wirkung er verantwortlich macht für seine sexuellen Blockaden.

Und schließlich ist er nicht in der Lage, den Verrat seines Vater zu verzeihen, nachdem er diesen mit der Schwester seiner Mutter überrascht hat.

Bevor er durch seine Bilder bekannt wird, tritt Dalí als Filmemacher in Erscheinung.
Zusammen mit Buñuel präsentiert er 1929 in Paris den Stummfilm „Ein Andalusischer Hund".
Für die schockierende Augen-Szene benutzten sie ein Kuhauge aus dem Schlachthaus.

In ihrem zweitem Film „Das Goldene Zeitalter" gelingt es ihnen, die Anzahl der gequälten Kreaturen sogar noch zu steigern.

Als er erscheint, wird das Kino von rechtsradikalen Royalisten verwüstet.

Dabei werden auch einige Gemälde Dalís im Foyer beschädigt.
Dalí nutzt dies zu theatralischen Auftritten vor Presseleuten.

Gala ist beeindruckt von seinem Verlangen nach öffentlicher Aufmerksamkeit.
Ihre Beziehung festigt sich.

Salvadors Vater ist alles andere als erfreut über diese Verbindung. Er ist überzeugt davon, dass Gala rauschgiftsüchtig ist und kann sich den Lebenswandel des Paares nur durch Drogenhandel erklären.

Salvador schlägt zurück, indem er seinen Vater auf dem Bild „Das finstere Spiel" mit kotbeschmierter Hose darstellt.

Auf ein anderes Gemälde schreibt er den Satz „Manchmal spucke ich zum Vergnügen auf das Bildnis meiner Mutter".

Als sein Vater davon erfährt, ist für ihn das Maß voll und er jagt seinen Sohn aus dem Haus.

Aus Heimatverbundenheit und besessen von dem Vorsatz, seinen Vater weiterhin zu quälen, kauft Salvador eine heruntergekommene Fischerhütte in Port Lligat.
Mit Gala zusammen verbringt er von nun an regelmäßig mehrere Monate im Jahr in dieser Hütte, die im Laufe der Zeit zu einem imposanten, surrealistischen Palast ausgebaut wird.

In Paris wird der exzentrische Dalí sehr schnell zum Aushängeschild der surrealistischen Bewegung.
Deren sonst so souveräner geistiger Vater, André Breton, muss erkennen, dass er auf das „enfant terrible" angewiesen ist.

Tapfer erträgt der eher prüde Breton Dalís wirren Theorien über Selbstbefriedigung und Exkremente.
Gala nutzt unterdessen die Aufmerksamkeit und feilscht mit den Reichen und Berühmten um die Preise von Dalís Bildern.

Endlich zeichnet sich unter ihren Künstlerfreunde einer ab, der das Zeug zum wirklichen Weltstar zu haben scheint.

Gala beschließt, bei Dalí zu bleiben. Die beiden heiraten 1934.

In Paris stellt er ein mit einer Wasserdrainage und 300 lebenden Schnecken gefülltes Taxi aus.

Bei einer Ausstellung in London hält Dalí eine Rede in einem Taucheranzug.
Von den Gästen unbemerkt wäre er beinahe erstickt.
Im letzten Moment rettet ihn der Hausmeister.

Für seinen Freund, den Millionär Edward James, entwirft Dalí ein Wohnzimmer, das „dem Inneren eines Hundes" nachempfunden ist.

Der Ausbruch des 2. Weltkriegs verhindert allerdings die Realisation der elastischen und stöhnenden Wände.

Dalís kreativste Phase wird durch den Spanischen Bürgerkrieg (1936-39) gewaltsam beendet.

Schon 1934, bei Unruhen in Katalonien, wären Gala und Dalí beinahe ums Leben gekommen.

Kurz nachdem sie ihr Taxi verlassen haben, gerät dieses in einen Hinterhalt. Der Fahrer stirbt.

Schockiert reagiert Dalí auch auf die Erschießung Garcia Lorcas im Jahre 1936.

Angeblich ist es der Erhalt der Nachricht gewesen, der den bald für ihn bezeichnend werdenden Zustand des plötzlichen, regungslosen vor sich hin Starrens zum ersten Mal auslöste.

Den Damen der amerikanischen High Society gefällt es, sich von Dalí porträtieren zu lassen und von ihm entworfene Kleider und Schmuck zu tragen.

Sogar Hollywood, vertreten durch die Marx-Brothers, Walt Disney und Alfred Hitchcock, zeigt Interesse an seinen Ideen, ohne allerdings viele davon zu verwirklichen.

Den Plänen eines Geschäftsmanns zur Umbenennung einer Ladenkette in „Dalikatessen" verweigert Dalí die Zustimmung.

Trotzdem formt André Breton 1942 aus Salvador Dalís Namen das Anagramm „Avida Dollars" (süchtig nach Dollars).

Elender Feigling!

Wie Max Ernst wenden sich viele Bekannte von Dalí ab, als dieser seine Sympathie für General Franco, den Sieger des Spanischen Bürgerkriegs, kundtut.

Wie zu Beginn bei Hitler ist Dalí bei Franco fasziniert vom „Starken Mann", der für Ruhe und Ordnung sorgt.

Später, nach Francos Tod, wird er erklären, dass er dem General nur deshalb zur Erschießung von Rebellen gratuliert habe, um nach Port Lligat zurückkehren zu können.
Dem einzigen Ort auf der Welt, an dem er wirklich arbeiten könne.

Dafür habe er sogar Morddrohungen in Kauf genommen.

Von 1948 an lebt Dalí abwechselnd in Paris, New York und Spanien.
Wie ein Sonnengott residiert er in Port Lligat am Kopf seines penisförmigen Swimmingpools.
Die dort stattfindenden Happenings organisiert eine Model-Agentur.

Ab den 50er Jahren ist es nicht mehr Gala, sondern sind es clevere Sekretäre wie Peter Moore oder Enric Sabater, die sich um Dalís Geschäfte kümmern.

Im Kontrast zu den „psychologischen" Meisterwerken der 30er Jahre legt Dalí bei seinen neuen „religiös-astrologischen" Gemälden den Schwerpunkt auf optische Spielereien.

Experten empfehlen, Dalís Spätwerk mit Vorsicht zu genießen.
Die unüberschaubare Menge und die unterschiedlichen Stile nähren die Gerüchte über Hilfsmaler und Kopisten. Besonders die Drucke sind umstritten. 1974 werden bei einer Grenzkontrolle 40.000 leere, von Dalí signierte Blätter entdeckt.

1967 zieht Gala sich mit ihrem Hofstaat in das Schloss von Pubol zurück. Noch im hohen Alter, bis zu ihrem Tod im Jahr 1982, sieht man sie häufig in Begleitung junger Männer.

Einer ihrer Favoriten ist Jeff Fenholt, der Hauptdarsteller des Musicals „Jesus Christ Superstar".

Dalí steht ihr in nichts nach. Er zeigt sich mit dem 35 Jahre jüngeren Transvestiten Alain Tap, nach seiner Geschlechtsumwandlung besser bekannt unter dem Namen Amanda Lear.

Trotz der räumlichen Trennung sehen Gala und Dalí sich regelmäßig, doch ihre letzten Jahre sind geprägt von heftigen Streits.

Während eines Gesprächs mit Gala stirbt Dalís Psychiater an einem Herzinfarkt.

Als letzte große Herausforderung nimmt Dalí die Errichtung eines eigenen Museums in seiner Heimatstadt Figueres in Angriff.
Nach weiteren „unvermeidlichen" Besuchen bei Franco und großzügigen Geschenken an die Regierung kann der surrealistische Palast 1974 eröffnet werden.

„Ich hatte Glück.
Ich erlebte die letzten Tage des wahren Dalí"
David Gascoyne, Paris 1935

Zeittafel Salvador Dalí:

- 11.5.1904: in Figueres, einer Kleinstadt in Katalonien, Spanien, geboren
- 1918: erste Ausstellung seiner Werke im Stadttheater von Figueres
- 1921-25: Königliche Akademie der Künste, Madrid, ohne Abschluss, Verweis
- 1927: Kontaktaufnahme mit den Surrealisten in Paris
- 1929: „Ein Andalusischer Hund", Kurzfilm von Luis Buñuel und Dalí. Ausstellungen in Frankreich, England und Amerika
- 1940-48: amerikanisches Exil
- 1949: erste religiöse Bilder
- 1958: erste monumentale Historienbilder
- 1974: Eröffnung des Dalí-Museums in Figueres
- 1983: malt sein letztes Bild „Der Schwalbenschwanz"
- 23.1.1989: stirbt in Figueres, 84 Jahre alt

Benutzte Literatur (Auswahl)

- Salvador Dalí: „Diario de un genio", Círculo de Lectores, Barcelona 1989
- Jacques Dopagne: „Dalí", Vlg. Hazan-Weber, Paris 1985
- Herbert Genzmer: „Dalí und Gala", Rowohlt Vlg., Berlin 1998
- Ian Gibson: „Salvador Dalí - Die Biographie", Deutsche Verlagsanstalt, Stuttgart 1998
- Pontus Hulten (Hrsg.): „Salvador Dalí - Rétrospective 1920-1980, Paris 1979", deutsche Ausgabe: Prestel Vlg., München 1980
- Conroy Maddox: „Dalí", deutsche Ausgabe: Taschen Verlag, Köln 1985
- Jordi Puig/Sebastìa Ruig: „Dalí - The Empordà Triangle", Fundació Gala-Salvador Dalí, Triangle postals, S.L., Menorca 2004
- Ralf Schiebler: „Dalís Begierden", Prestel Vlg., München 1996
- Meryle Secrest: „Salvador Dalí - The Surrealist Jester", deutsche Ausgabe: Scherz Verlag, Bern, München , Wien 1987
- Frank Weyers: „Salvador Dalí - Leben und Werk", Könemann Vlg., Köln 1999

Skizzen
aus der Projektmappe

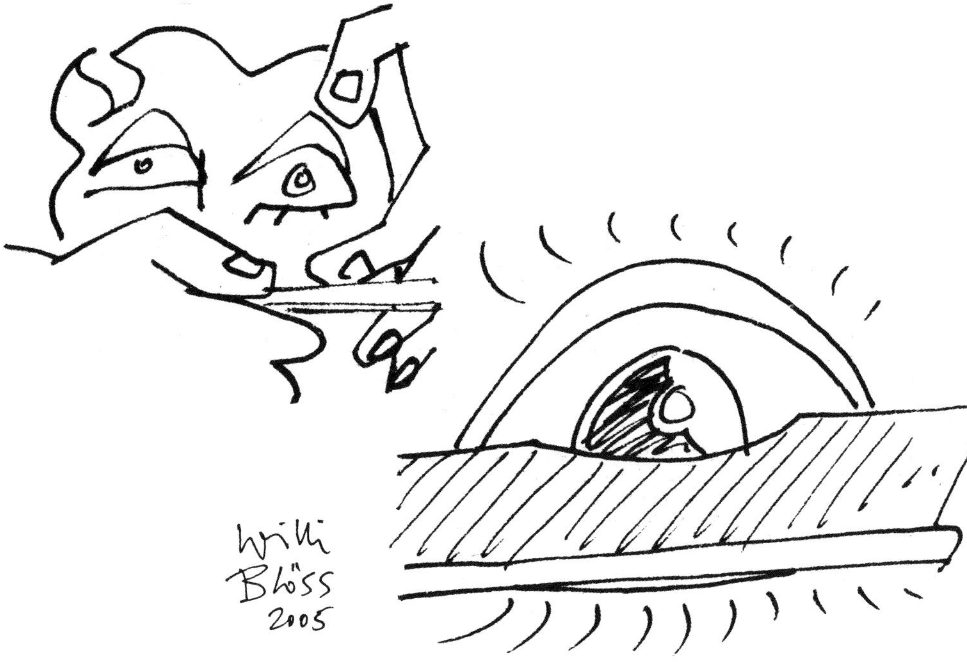
Willi
Blöss
2005

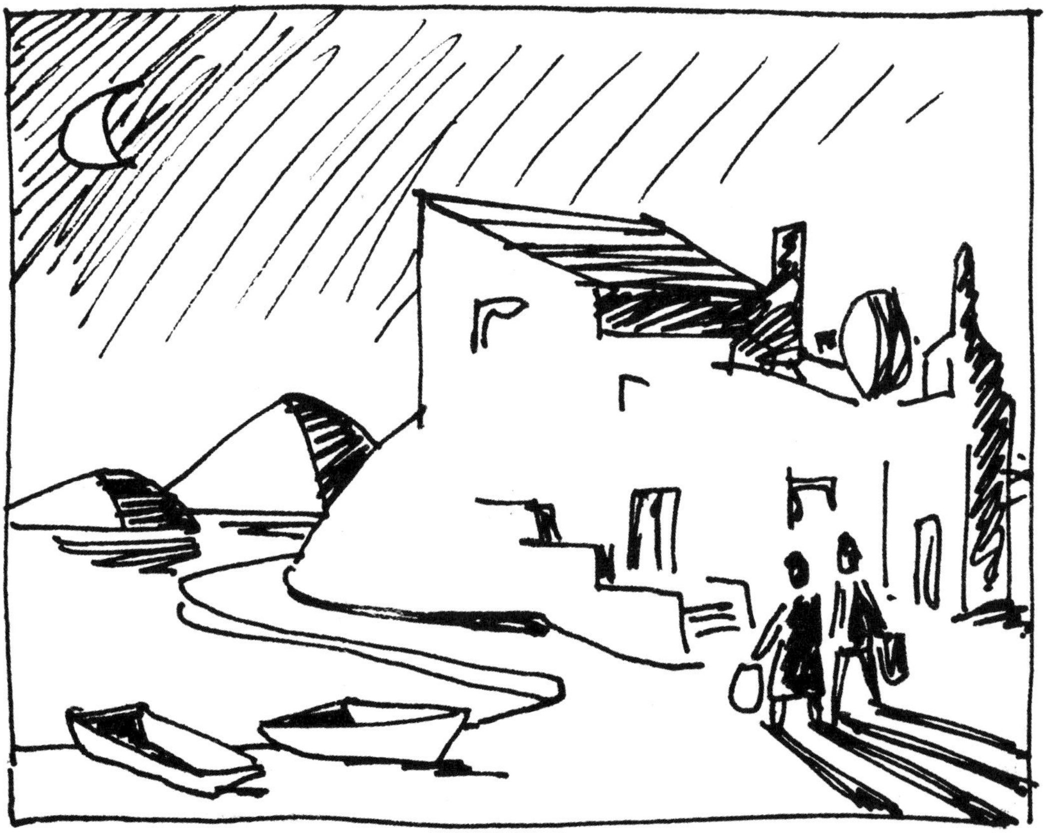

Willi Blöss
Text und Zeichnungen

Willi Blöss textet und zeichnet seit 1996 Künstler-Porträts in Comic-Form. Mittlerweile liegen über 30 Titel von ihm vor. Was mit der Idee begann, spannende Geschichten aus dem wirklichen Leben zu erzählen, hat sich selbst zu einem spannenden grafischen Lebenswerk entwickelt.

Etwa alle 8 Monate erscheint ein neues Porträt als kleines, handliches Heft (Pocket-Format) in der Reihe „Comic-Biografie".
Von Blöss getextet, gezeichnet und herausgegeben im Willi Blöss Verlag, Familienbetrieb mit Ehefrau **Beatriz López-Caparrós**.
2012: Erhalt des Deutschen Biographiepreises für die Reihe.

Hintergrund für die vorliegende Ausgabe im Hardcover-Großformat ist der Wunsch, die grafischen Porträts der Pocket-Heftreihe nun auch in einer bibliothekstauglichen Aufmachung anbieten zu können.

Parallel dazu werden Bewegtbildpräsentationen in Angriff genommen.
Bereits vorliegend: Youtube-Clip,

 **Niki de Saint Phalle**
in Kurzform, 5 Minuten.
QR-Code erfassen
und ansehen.
Viel Spaß!

Beatriz López-Caparrós
Mitarbeit bei der
Kolorierung, DTP

HARDCOVER-Edition der Künstler-Biografien von **Willi Blöss**
Großformate: 17 x 24 cm

  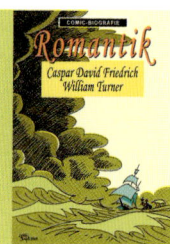  

 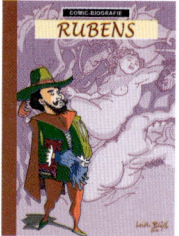   

 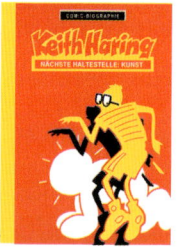

jetzt lieferbar:

16 Einzeltitel
je 10 €

„Unbefugtes Betreten"
Sammelband
Fünf Künstlerinnen:

Camille Claudel, Frida Kahlo, Niki de Saint Phalle, Tamara de Lempicka, Paula Modersohn-Becker

20 €

„Unbefugtes Betreten" Vorzugsausgabe mit Variantcover und signiertem Druck
(nur 77 Stück)   40 €